真珠層

梅内 美華子

Mikako Umenai
Mother of Pearl

短歌研究社

真珠層　目次

装本　倉本　修

真珠層

鉄ひびき

銀髪の婦人のやうな冬の日が部屋に坐しをりレースをまとひ

髪あげて校正するとき首すぢにすーんすーんと鉄《かな》ひびきあり

ふたご座の流星探す冬の夜に受精せし卵どこかに震ふ

流星群降る夜に一人また一人カプセルホテルを住まひとなす人

ふるふると環の揺れつつ冬夕陽わが目に黒点のこし没りゆく

うつしみは精肉売り場に漂へる漂白剤のにほひに冷ゆる

葉を落とし逆さ箒のごとく立つ銀杏するどく風をおとせり

マギの名

クリスマスカードのラメのこぼるる夜《よ》東方の三博士発ちたり

ペルシアの三人の博士《マギ》の役をせし幼友だちいづこに眠る

ガスパール、メルキオール、バルタザール　博士《マギ》の名を負ふ駱駝も居るらむ

七七ができませんと言ふ児らは歌人のわれをあはれむごとし

小学六年生の短歌の課外授業

大切な袋

鏡餅の型に入つてゐるお餅怪しまず出す寒の入りなり

舞ふまへの爪先ほぐし白妙の大切なふくろの足袋に入れゆく

ワイシャツを胞衣《えな》のごとくに抱へつつ男ら並ぶクリーニング店

夢の中しづくするのは縞馬のうすむらさきの縞か涙か

静寂を忘れたにんげんの足元に人つぽくいびきかいてゐる犬

沈む寝息あらがふ寝息を運びつつ朝の電車の窓曇りをり

さくらの日深爪をしてしまひたり心に何人も人が来るゆゑ

真珠道

二〇一〇年五月二十三日オークス　〈アパパネ〉は南の島の赤い鳥の意

赤き鳥はばたく音に抜け出してターフふり切る少女アパパネ

豊見城市・旧海軍司令部壕

修学旅行の生徒のにほひ残りゐる壕の通路に蛍光灯白し

木蔭なる亀甲墓の前庭にさざ波のごと老い人の舞ふ

戦ひに壊され失せし亀甲墓その洞を抱き土は沈みぬ

なまぬるき驟雨を浴びて真珠道《まだまみち》のよろこぶ石と目覚めざる石

みなひとはしよつぱくなりて歩きをりむき出しの肩も濡れたる背も

お婆さんと鳥が分けあふ枇杷の実はいつまでたつても小さしよ夏

皮を脱ぐ蛇の吐息をかくしつつ雨ののち白くなびく草叢

奥入瀬川

奥入瀬川しづかに海に出る浜よ一川目《ひとかはめ》とは祖父の生れし地

海風に髪の湿りてぺたぺたす淋代《さびしろ》といふ浜にむかへば

祖父の弟はレイテ島カンギポットで戦死

白絣の霧をまとひて英霊の大叔父は誰に逢ひたいのだらう

海霧に祖父のふるさと沈みゆく人待つ〈マヨヒガ〉に灯のともるころ

岩塩を魚にふつて身のどこかじんわりと浮く渦潮の目が

京都の喫茶店

サンバイザーをバドワイザーと自信もて呼ぶ人親しわが母に似て

二〇一〇年夏

うち開く赤き花火よ生きてをれば米寿むかへる中城ふみ子

甲斐犬の黒玉のやうな仔犬寝る桃売る店の日除けの下に

悼　河野裕子さん

頰杖に張りつめた影を守りつつ学生の歌じつと読みをり　京大短歌の歌会

野にあそぶ深きたのしみ裕子さんは細くなりても話してくれし

夫の歌子どもの歌をあなたのやうにうたふ日くると思ひし若き日

学生のころ長居せし喫茶店京都を思ふときまづ見える

海盤車

星おちてヒトデとなりし海暗し船のともしびあやふきまでに

海中に星のかけらを吐きながらヒトデは這へり夢の方へと

わが窓に鵙きて叫ぶ食べてゐぬ食べてゐぬ石の仏はなほも

流星群見上げし目よりこぼるるは目薬と何　樫の木のあなた

海面の揺れるがままに波に乗る鷗ら　ひとりは軽くてにがいよ

チェーホフのかもめテラヤマのかもめ散る　問ひはだんだん小さくなつて

夕映えに滲みつつともる観覧車誰かを迎へに行きたき時間

勝手に一人で傷ついちやつてと風が吹く風は銀河を見にゆくといふ

ラーメンの湯気

八戸から上京し治療を続ける父。同居して四年が過ぎた

人工透析五年目の父蜜の香をほのかにたてて林檎剝きをり

父剝きしりんごの果肉の黄ばむまでわれは帰らず父は午睡す

干し鰈一尾を分けあふ父と母木の蔭に住むごとく静かに

鼻先がラーメンの湯気に湿るとき「いつちよやるか」と言つてみたくなる

「四十一才の春だから……」
来る春にバカボンのパパの歳になる本当のやうな嘘のやうな時間《とき》

*

救急隊の人が大きな声で呼ぶ〈ウメナイサン〉を留《とど》めるために

工具のごと硬く重くぎこちなく　付き添ひはただ待つだけなのに

心筋梗塞を起し入院となる

半裸の父を包みし毛布を抱きかかへ漂鳥のごと病院を出る

暗夜

二〇一一年三月十一日　乗り合せた人に

つかまつていいですかと言ひもたれ込むがらんがらんと電車の揺れて

ワンセグの小さき画面に灰色のなにか押し寄せる　東北といふ

どろりと抜けさうな腕振りあげて地震に止まつた暗夜を歩く

計画停電

停電の街に帰れば警官の胸がうろこのごとく照りをり

ライトオフ首都をめぐりてほのぐらき電車に目つむる人も私も

ガラス片掃き寄せる母ふるさとの倒壊のあはひに腰を屈めて

汚染水吐き出しやまぬ原発のどこにも帰れぬ海に向きをり

白足袋を水平に干し春霞衣かへせよとわれはうたへり

燕返し

うすずみの塩羊羹をこごりたる雨の諏訪湖と思ひ食《た》うべぬ

藤の咲く山のなだりがゆらゆらと眠さうな昼　岩国に着く

ワッフルのやうな木組みの格子あり錦帯橋の弧のうらがはに

ブロンズの佐々木小次郎剣先を天に向け永遠に燕返しを

雲走るウィンブルドン足裏の皮剝がれるまで地を蹴るナダル

アスリートは勇気を与へたいといふ昭和の漫画の主人公のやうに

あぢさゐの夜

水無月の表面張力　目に浮かぶ目薬と開くあめんぼの脚

図書館の窓開いてをり階段の吹き抜けの壁に穿たれた窓

二歳の甥の十六月《じふろくぐわつ》と発したりわれより長く生き来しごとく

全力が格好悪き一時期に棲む生徒らの緩めのベルト

時が来て黒きが降りる東京タワーの望遠鏡の怖かりしこと

股関節こくつと鳴りぬストレッチは自分のからだを捜すものなり

水の裾ひきゆくやうな空の色夏至に近づく長い夕暮

日課のごと睫毛をカールさせてをり自意識は先端にあるのでせうか

曇天を映すウインドーの深まれば故郷のクジラ餅の食べたし

父のため冷水を汲むひと押しで二五〇 cc出る器械より

入院食に箸もスプーンも付きをればおぢいさんのやうな箸箱仕舞ふ

あぢさゐの花毬がふくむ水ほどの父の水分制限量はも

脈拍の落ちゆく父が眠る夜をあぢさゐは花毬増やしてゆくも

汚染水、冷却水に原発は苦しみ透析に父は臥しをり

荷を巻けるビニール紐を切りたれば撥ね上がり空《くう》のなにかを切りぬ

どくどくと深まる茂み緑色のけものが太り黴雨を吸へり

やり過ごすときに口笛吹いてゐるあなたは遠い青竹のやう

蔦の葉のすきまにのぞく白壁のやうにしばらく眠つてゐたい

お粥より白飯となる入院食に体に力が入つたと父は

マンションのエレベーターに「おやすみなさい」交はして星の十二階に着く

真珠の層

馬場あき子新作能「影媛」、二〇一一年七月　国立能楽堂

葬送の歩みは静かに激しくて長き橋掛を影媛の行く

影媛の胸なる玉よ御統《みすまる》の玉は揺れつつ愛を挽くなり

琴頭《ことがみ》に　来居る影媛　玉ならば　あが欲る玉の　鰒白珠《あはびしらたま》　武烈天皇「日本書紀」

交はすなき枝のあはひに降りつもる真珠の層のやうなかなしみ

降りおちてまるくなりゆく時の層しづかに胸にきたる真珠は

きらひと言ひそのあと何だかはづかしい浜木綿白く夕べにしなふ

鰈の腹に小さき貝の溜まりをり遠浅の海の底のおしやべり

ショーウインドー似合はなかつたワンピースが誰かの夏のやうに立ちをり

光の塔

東日本大震災から半年

風立ちぬ行方不明者四千人余その数の減る速度落ちたり

グラウンド・ゼロより光の塔が伸び素粒子のなかに泣きゐる人ら

追悼式典ぶ厚き防弾ガラス立つ屈折率強き光をとほし

わたつみに浮きつ沈みつ空舟《うつほぶね》　鵺だつたのかウサマ・ビンラディン

われにある大きな約束は何ならむ梢の奥に鳴るは滝の水

八戸市川港船留

大津波浴びし防風林朽ちて夕陽の神が手を当てにくる

忌まはしき海の景色を消すごとく要塞のごとき防波堤たつ

津波に抜かれ蛻《もぬけ》のごとき家々の黒き影のみじつと動かず

「八戸は被害が少なかつたから」と言はせて寒し船留の波

夕雲のうすむらさきよ震災ののちの差に深く落ちてゆくのか

あんたと長く居たねと草は枯れはじむ打ち上げられし船を覆ひて

八戸市は最大震度5強、6・2メートルの津波が押し寄せた。
被害家屋は非住家を含めて2024棟に及んだ（二〇一三年時点）。

負け馬

夕焼けよどこまでも追ひかけて来て　騎手振り落とし黒鹿毛はしる

ゲート入りこのごろ拒むこと減りてアパパネの末脚すこしさびしい

最終レース杏の色の夕焼けが誘導馬の白き膚を染めたり

ひんやりと馬肉の赤身はそのむかし打ち身をくるんでゐたのよといふ

キリストの言葉降りくるスクランブル見つめ合はずに渡る人々

冬ざれの街にまぎれてゆく少年背丈一七三の大石主税《ちから》

青白きイルミネーションを抜け出して生まれ変はりたいと一粒は泣く

負け馬の尻尾でありし黒垂《くろたれ》はつやつやとして能舞台あゆむ

禅寺丸はあかがね色の小太りの鬼の像なりはだかなりけり

典雅

悼　田中雅子さん

寒中見舞に死の記さるる母上の美しき文字の薄墨のなか

逝く前に再びあなたは綴りしと、京大短歌に集ひし日々を

姉上は典子あなたは雅子なる田中重太郎博士の双子娘

第一歌集は『令月』

令月は二月の異名　歌集名に愛せる言葉を刻みし友よ

レミオロメン「粉雪」の中にわれも泣く友逝きて友の孤独も消ゆる

マスク

いやあ、あかん　どうもあかんね寒中を叫びつつ風が走りてゆけり

地下駅の壁からすうッと現れて会社に行けない霊が乗り込む

マスクする湿りに思ふマスクしてサッカーをする福島の子ら

原発の壊れし日よりかけ続けマスクに白き半顔の子ら

マスクして走りまはるは苦しいと鬱陶しさに憎みはじめるか

こころを超えて

青森県立八戸盲学校にて交流

下から上へ点字をたどり詠みあげるキャンプで作つたカレーのにほひ

閏日の雪降りかかる紅梅にクロネコヤマトの緑のくるまに

曽我梅林土産袋に描かれをり十郎は千鳥、五郎は胡蝶

血と汗はこころを超えてはげしきか十郎五郎の駆けゆく闇夜

雨を踏み

二〇一一年三月十七日早暁

ためらひつつすがるごとくにかけて来し君が母上の電話の震へ

心臓は動きてをれど脳はまつ黒　遮断幕のごと言葉が降りる

雨を踏み国際医療センターにたどり着きなほもさまよふ足は

心拍の弱まりゆく身を励まして励ましてももう君は応へず

かつてわれ拒みしドナーの家族同意　けふ君の腎が供されるといふ

誤嚥に伴ふ脳症といふ。享年四十三

君逝きて雨多き春逝きし日のつめたき水はいづこ流るる

どの箱も合はずにからだに閉ぢ込めた怖れのなかの硬き悲しみ

表のやうで裏がはのやうなわが顔にさくら咲く日の冷たき光

弱法師

鋤のごと天をさす枝、縄のごと伸びて這ふ枝　梅は嶮しき

弱法師《よろぼし》は父に捨てられ身毒丸は母にしばられ　さまよへる膝

つまづきて膝つくときに弱法師の隕石のやうなかなしみ零る

かたむきてボタンの穴をくぐりたるボタンのやうなかなしみに居る

あかるくて黄色いバラはさみしきよ思はないふりしてゐる日々に

頬そげて菊地直子のあらはれぬ真面目に働き愛守りしと

七つの鞍を置く馬

雨すぎし夜の畑に葱の香のけむりのやうにただよつてゐる

銀色のボウルに豆腐おろすとき張りたる水はなめらかに抱く

頭より綿毛のやうなもの落とし眠りつつ子は髪すかれをり

獅子頭の口の奥より被災せしこの世見てゐるほの暗き顔

さつぱりした顔が現れることもありデモに行つてきた人のなか

靴ずれに少量の水たまりをりたぷつとグミの桃色にふくれ

右肩のかたむく母のブラウスは寂しくわらふやうに襟あく

及び腰の小さな恐竜食つてやらう強き雨ふる梅雨の今宵に

陽の色の甘きマンゴー食むごとに強烈な女になる錯覚あり

「春の小川」の暗渠の上を帰る夜串揚げ三本の付き合ひをして

「モンゴルまで走つたんだ」とランニングマシーンを馬のごとく打つ人

母の髪しだいに明るくなりてゆき陽に透きてけふはもろこしのやう

胃の中にダンボールの欠片ありし子の小さき口よサルビア燃ゆる

ダンボール食べてしのぎし子どもゐる嵌め殺しの窓ならぶ日本

青森県六ヶ所村へ

野辺地駅《のへぢえき》に防雪林はくらぐらと影さへ吸ひとるごとく立ちをり

ガラス戸の奥は焙じ茶色をして八甲田猟銃実包店あり

ほたて貝密密にそだつ陸奥《むつ》湾《わん》に鋲のごと赤きブイがちらばる

「ほたて貝走るんです」と姥は告ぐてふてふのやうにてのひら合はせ

泊・出戸《でと》・尾駮《をぶち》・鷹架《たかほこ》・平沼・倉内を統合した村

ただよへる舟いく艘を岸辺へと寄せし綱かも六ヶ所村は

百メートル巨大風車のならぶ丘虚ろなまぶしさ空より落とす

むつ小川原国家石油備蓄基地

原油タンク五十一基は日本の十二日分なり巣のごとならぶ

〈北辺《ほくへん》に逐ひやらはれてしづまるかウラニウムの神プルトニウムの神　岡井　隆〉

フロンティアイメージに酔ひやがて捨つみちのくの奥を北辺と呼び

まだ何も起こらなければ……小学校、介護施設が村に建ちゆく

村に来てランチにボトルワイン立てるマフィアのごとき産業を見つ

尾駮沼、鷹架沼をわたる昼　浮力のやうなひかり満ちくる

核燃料施設のめぐりの水の青　どこから来たか水は問はざり

東電に勤めて長く帰らざる夫待つ友　銃後といはなく

小学校あたらしく建つ丘の名は七鞍平《ななくらだひら》　草けぶる丘

巨大馬の伝説がのこる
七鞍は七つの鞍を置く馬の大きな背なり埋めし墓なり

二百あまりの馬かみ殺しし大馬は良き馬二十三頭の種にもなりき

獰猛な巨大馬葬りし伝説の丘に草の香たれか嚙みをり

北辺の荒ぶる神の大馬は天《あま》の斑駒《ふちこま》のいななきに死ぬ

冷冷とやませ吹く野は虫すくなし軍馬放牧されしかの日も

タモの木の多きところの田面木沼《たもぎぬま》梅雨の晴れ間に縞の影おく

タモの木はトネリコなり　電柱となりてやうやく一人前です

草むらにさざなみのたつ上げられし鮒が跳ねつつ草濡らすとき

木製の電信柱をうがちゐるアカゲラ若し夏の途中に

分け結ひしたてがみかはゆき黒鹿毛の描かれてをり江戸期の絵馬に

絵馬の板からむつちりとして飛び出しさう大型なりし南部《なんぶ》の馬は

＊

「来世ではしあはせになつて下さい」と寺の煙にさまよへる声

願ひでも懺悔でもなく深き深き垂直落下の祈りするなり

人生は「あの日」を積みてゆくものかスクランブルに熱風くだる

いくつかの「あの日」に君の臨終が加はりしこと鉛のつめたさ

黒文字のちぎりたる葉を嗅ぎながら笑はずにゐるときに安らぐ

粉つぽく涼しいにほひの米櫃に母はいくつの怒り落としき

三歳の甥おんぶして歌うたふボヘミアンわれ夕べただよふ

生徒きてフライドチキン一つ買ふ夏期講習の鉢巻はづし

駅前のファミレスあふげば椅子の脚にからみて人の脚の見えたり

立葵　チャオと叫びて少年が立ち漕ぎでゆく暮れなづむ夏

まひるまの焼酎つめたし泛かべたる氷の角をしづかに溶かし

すいれんの沼

六ヶ所村巨大風車のそびえつつ地に低周波の病も送る

逃げること住めなくなることを細く見て六ヶ所に照る共生の語は

すいれんの沼を泳いだ記憶にて蓴菜の光呑み下したり

こめかみにヘアカラーの薬剤の冷たく浅瀬の泥を思へり

群よりはぐれ洗濯ばさみがとめてゐるポテトチップスの袋の口を

一文字

ストローのやうに浮かびて流れたしプールを出でて水の迷路に

振り返るときにやさしき頰であれ涼しく赤きカンパリモヒート

ひまはりの大きな花のハンドルをきつて瓦礫収集車のゆくへ

目に見えぬものの一人として聞けり元気をもらひましたと言はせ

夜の窓にきて覗きこむひまはりの茶色い顔はあの人なるか

人さし指つかみ離さず死に場所をえらぶことなき衰へし蟬は

漱石の「煮え付くやうな蟬の声」と記しきいのちの奥におちるもの

閂の字の一文字《いちもんじ》書くときにくちびるを引きちからが入る

両腕をひろげて桃の木の枝を思へり七キロの実のなりし枝

アーティストこの世に増えて葉月のけふ日本茶アーティストに遭へり

〈みんなのもの〉のむごさの中にすりきれた公園のパンダ夕べに沈む

シリア・アレッポにジャーナリスト山本美香さん斃る

白芙蓉の光のもとに帰り来ぬ銃創の身として語るほかなく

蜘蛛の糸は紡績突起より出づる傘のなかにてその疣おもふ

もう一枚巣を張るために飛んでゆく小さき袋の蜘蛛のからだが

エデンより去りし女がもう一人　リリトは彷徨ひ吸血鬼になりし

目玉焼き星雲

夏去りぬ木槿の白き花の底にうすくれなゐの水を残して

薄雲のむかうに半月浮かびをりオムレツのやうなやはらかな黄に

二万発の打ち上げ花火二万人の死者と思へばすさまじく寒し

打ち上げの花火のあとの硝煙の硬きにほひを川風はこぶ

ビニールに稲城の梨を五つ入れ水の重さに傾きあゆむ

夜の庭に四角い光が落ちてゐる保育園よりバギー出でゆく

黄色《わうしよく》の巨星蔵する〈目玉焼き星雲〉あるいは一つ目の巨人

ゆふぐれの中洲に降りて暮れ色に染まりたいのだ白鷺をぢさん

教習所卒業試験を二度落ちしよりまぼろしのドライバーわれ

杉浦日向子『ソバ屋で憩う』を手に歩いたことあり

彼の世にてほッほッと笑ひ頭巾被る隠居になりしか杉浦日向子

つまるところ蕎麦音痴のわれ基本なる「もり」には飽いて天ぷら付ける

能面の目

能面鑑賞

稽古場に翁の面のまつらるる「へ」の字に抜かれし目は何を吸ふ

丸き眉は日月となりあご髭は垂直に地を指す　翁のちから

「奥さんがどんよりしてきたら怖いですよ」女面泥眼《でいがん》のまなこが見つむ

かがり火を映して赤き橋姫の苦しむこころはからだ苦しめる

眉間まで血がのぼりゆき額は白し生成《なまなり》の女は疾走のさなか

皺なきはむしろ痛まし頰骨に肌の張りつく老残の小町

能面のうちがはに鑿の跡のこり火口原のごとき暗さひろがる

能面の内より見る世はせまく細くただ真つ直ぐに歩めよといふ

葡萄黄葉

茸とはどういふ音に育つのか　じむじむきらきら霧雨の森

檜原湖に霧うかぶ朝なつかしいショールの柄に葡萄の黄葉

火砕流ギザギザと底にのこるといふ一級河川檜原湖の底

願ひごとは長く尾を引くものなるか白蛇神社に白蛇くねる

共有といふ幻想にのぞくとき鬱陶しくなる時代感さへ

内臓を病むちちははの暮らす部屋冬の林檎のみなぎりて届く

薔薇の香の乳液こぼる白き胸ひろげるロセッティの女に遠く

冬木立風に泣きをりキリストの脇を槍にて突きし人間

黄金の蓋

冬空の夕焼け色にりんご煮て「かなし」は身に沁みていとしい

ジャムの壜に土と種入れ黄金《わうごん》の蓋が金貨になるまでを待つ

初詣の列ににんげんはマスクして白き息吐く犬を抱きをり

西日差す電車の窓に後頭部あたためてをり何か芽吹くまで

くるみボタンを胡桃ボタンと思つてゐた時間のはうが香ばしかつた

光りつつ糸消ゆるまで昇りゆく凧　空中に風の恋あり

ラベンダー色に灯りて東京の雨は甘いかスカイツリーよ

「ミッドナイト・イン・パリ」の灯は琥珀色　カフェーに橋に驟雨にキスに

三沢

枯草に雪にじみをり寺山が母と住みにしスモールハウス跡

叱られる寺山少年を見てゐしは寺山食堂のボンボン時計

ここからはカリフォルニア州　山型に雪を積みあげ三沢基地あり

夜の窓にアメリカンバーのネオン見ゆレーダーまはる極東三沢

可愛い菓子

晶子の字レンガに彫られし月光荘ひつそりと白し少しかたむき

純国産コバルトブルーの顔料がひそかに眠る月光荘に

資生堂パーラーにかはゆき菓子選び無縁仏となるかもわれは

一枠一番

青葉揺れざざっと雨水落ちてきぬ半端でないはハンパないになり

一枠一番キズナ白帽の武豊きらりと針のごとく抜けたり

二〇一三年五月、日本ダービー　キズナはディープインパクト産駒、
青鹿毛が初めてダービー馬となる

葉腋

赤き玉とろりとできてこぼさなかつた泪のやうな線香花火

ほの暗き腋は植物にもありて葉腋に咲く金木犀の香
みどり濃く長くうつむき忍ぶれど金木犀は秋の香発す

木の下にオレンジ色を敷く朝の金木犀は酔ひから覚めて

おのづから風をまたぎてゆく犬の腋にこんこんと燃ゆる体温

スポンジを使へるわれはたはし使ふ母より水と愛し合はざる

黄金《わうごん》のホワイトホース一センチ注ぎて眠りの前のお祈り

あなたが降りる天国はここと ドアひらく夜の市バスは無人となりて

先祖の列

さみどりの手紙のごとく手にのせる信濃リースリングのひと房

佐々木実之歌集『日想』に

三五夜の月の大きな鏡よりあなたこの世をのぞきて泣くか

空をゆくハイウエーにある水流音　先祖の列からこぼれて歩く

寂しさの未確認飛行物体のよぎりぬ夕ぐれに水深のあり

独り法師

蓮根の穴に黄色い練り辛子詰められて消えし何本かの闇

白樺の秋の木漏れ日は教へたりひとりぼつちは独り法師と

マツコ・デラックスの愚痴と重なつた深夜　テレビの前にひざまづく

「がんばりま～す」小さく伸ばして自らにはにかむやうな把瑠都の巨体

「絶望のズンドコ」にゐる幼子はよぢれたままに靴下あげる

能舞台に土蜘蛛の塚　福島の原発を塚と呼びたるわれら

葛城は茨のつるの奥つ城なり茨を仕掛け民を殺せり

土蜘蛛の塚のクモの巣真つ白いテープに透けて赤き毛が見ゆ

土蜘蛛の放てる糸に白くなり独り武者の身かたむきはじむ

独り武者つよくてさびしい呼び名なり土蜘蛛の糸にまみれてゆくよ

あとがき

第六歌集になる本集は二〇〇九年冬から二〇一三年秋までの作より二百七十九首を選んだ。ほぼ編年体であるが構成によって多少入れ替えもある。

二〇一二年に「あぢさゐの夜」(「歌壇」掲載)で第四十八回短歌研究賞を思いがけずいただいた。これは東日本大震災、福島第一原発事故から三か月後、心臓の病で入院した父を見守る不安と重ねながら身辺をうたった二十首であった。

受賞後第一作「七つの鞍を置く馬」は大震災から一年後、青森県下北半島の六ヶ所村を訪ねた機会を主な題材とした。新設の小学校の校歌作詞を依頼されて訪問したのだが、少子化で三つの小学校が統合されることになっていた。閉校間近の小学校を回りながら、数十年かけて作られてきた子供たちの環境が無くなるのが余所者の私にも惜しまれた。そこでは原子燃料サイクル施設、国家石油備蓄基地、風力発電の巨大な風車等が否応なく目に入ってきた。原子力発電所、核燃料加工施設が置かれている地と同じく、六ヶ所村も複雑で難しい問題を抱えている場所である。物々しい施設の静けさと夏の緑が美しい森林や野原、そして子供たちの姿や声などから「今ここにあるもの」を考えることになった。新しい小学校がたつ七鞍平には地名の由来となった巨大な馬の伝説があった。東北の地に生まれた馬の幻想は現代の風景からあとかたもなく消え去ってゆくが、土地の原初の声でありそして暗示的である。その力を借りて歌いたいと思った。

またこの歌集の期間に私は京都での学生時代から親しくしていた人や友人の死を聞くことになった。どの方も若い死で衝撃とともに重い寂しさが残った。残された歌に生は刻印されている。その静かな声によって、私自身の生をあらためて嚙み締めることになった。

歌集名にした「真珠層」は、貝殻の内側にある光沢物質で、白が虹色に見えるところである。折々気になっていた言葉で、内側に層がしんしんと堆積して生まれる光に、歳月の中の寂しさや哀しみを重ねて思うようになっていた。歌集の期間の心境を喩えるならこの言葉かな、と思ってつけたしだいである。

馬場あき子先生、岩田正先生には「かりん」入会以来ご指導お励ましをいただき、心から感謝申し上げます。「かりん」の先輩、歌友の皆様にも示唆や刺激を与えていただき、作歌の励みとなりましたことに感謝しております。

短歌研究賞をいただいたご縁で、このたび短歌研究社に出版をお願いいたしました。堀山和子様、そして歌集担当の菊池洋美様に大変お世話になりました。感謝申し上げます。

装幀は倉本修様にお願いいたしました。出会ってから十数年、このたびようやくお願いできることになり大変うれしく思っております。ありがとうございました。

二〇一六年七月

梅内美華子

著者略歴

1970年　青森県八戸市生まれ
同志社大学文学部卒業
「かりん」編集委員
歌集『横断歩道』『若月祭』（現代短歌新人賞）
『火太郎』『夏羽』『エクウス』（芸術選奨新人賞、葛原妙子賞）
歌書『現代歌枕　歌が生まれる場所』

省検
略印

新かりん百番No.91

平成二十八年九月十六日　印刷発行

歌集 真《しん》珠《じゅ》層《そう》

定価　本体二七〇〇円（税別）

著者　梅《うめ》内《ない》美《み》華《か》子《こ》
郵便番号一八四—〇〇〇四
東京都小金井市本町二—七—一五—一一〇一

発行者　堀山和子

発行所　短歌研究社
郵便番号一一二—〇〇一三
東京都文京区音羽一—一七—一四　音羽YKビル
電話〇三（三九四四）四八二二・四八三三
振替〇〇一九〇—九—二四三七五番

印刷者　豊国印刷
製本者　牧製本

ISBN 978-4-86272-501-1　C0092　¥2700E

短歌研究社　出版目録

＊価格は本体価格（税別）です。

文庫本	馬場あき子歌集	馬場あき子著		一七六頁	一二〇〇円	〒一〇〇円
文庫本	続馬場あき子歌集	馬場あき子著		一九二頁	一九〇五円	〒一〇〇円
歌集	飛種	馬場あき子著	A5判	二五六頁	三一〇七円	〒二〇〇円
歌集	いつも坂	岩田正著	四六判	一九二頁	二五〇〇円	〒二〇〇円
歌集	和韻	岩田正著	四六判	一八四頁	二五〇〇円	〒二〇〇円
歌集	ダルメシアンの家	日置俊次著	四六判	二〇八頁	三〇〇〇円	〒二〇〇円
歌集	日想	佐々木実之著	四六判	三四四頁	三〇〇〇円	〒二〇〇円
歌集	サラートの声	伊波瞳著	四六判	二〇八頁	二五〇〇円	〒二〇〇円
歌集	宙に奏でる	長友くに著	四六判	一六八頁	二〇〇〇円	〒二〇〇円
歌集	スタバの雨	森川多佳子著	四六判	二三二頁	二七〇〇円	〒二〇〇円
歌集	湖より暮るる	酒井悦子著	四六判	一八四頁	二五〇〇円	〒二〇〇円
歌集	二百箇の柚子	池谷しげみ著	四六判	二二四頁	二七〇〇円	〒二〇〇円
歌集	サフランと釣鐘	浦河奈々著	四六判	一九二頁	二五〇〇円	〒二〇〇円
歌集	地蔵堂まで	野村詩賀子著	四六判	二一六頁	二五〇〇円	〒二〇〇円
歌集	ダルメシアンの壺	日置俊次著	四六判	一七六頁	三〇〇〇円	〒二〇〇円
歌集	光へ靡く	古志香著	四六判	二二四頁	二五〇〇円	〒二〇〇円
歌集	翼はあつた	四竈宇羅子著	四六判	一八四頁	二五〇〇円	〒二〇〇円
歌集	月曜と花	土屋千鶴子著	四六判	二〇八頁	二五〇〇円	〒二〇〇円
歌集	落ち葉の墓	日置俊次著	四六判	二四〇頁	三〇〇〇円	〒二〇〇円
歌集	地下茎	鈴木良明著	四六判	一六八頁	二五〇〇円	〒二〇〇円
歌集	透明なペガサス	田村奈織美著	四六判	一七六頁	二五〇〇円	〒二〇〇円
歌集	野うさぎ	舟本恵美著	四六判	二三二頁	二五〇〇円	〒二〇〇円